EL PEQUENO LIBRO #METOO PARA HOMBRES

Mark Greene

Traducción por: René Buenfil and
Silvia Araya-Villalobos

Think
Play
Partners
nyc

Este libro es dedicado a mi compañera de vida Dra.
Saliha Bava. Sin tus años de conversaciones colaborativas,
mis obras no existirían.

Este libro está dedicado agradecidamente a
Arthur Wellington Greene, Jr.
"Y uno más para la olla."

ISBN: 978-0-9834669-7-0
Copyright © 2020 Mark Greene
Publicado por ThinkPlay Partners
Todos los derechos reservados.
Traducido por René Buenfil and
Silvia Araya-Villalobos

NOTA DE LA TRADUCTORA

Como una de las personas encargadas de traducir este libro, quisiera explicar la razón por preservar algunos de los términos y expresiones del idioma inglés al español. Muchas de estas frases lamentablemente no tienen una traducción directa al castellano, y al hacerlo, pierden su riqueza y lo que tratan de englobar, así que el autor optó por dejar estas palabras en su idioma original y agregar pequeñas señas y notas para el lector.

Silvia Araya-Villalobos
Psicóloga y escritora

"Debemos siempre tomar partido. La neutralidad ayuda al opresor, nunca a la víctima. El silencio alienta al atormentador, nunca al atormentado. A veces debemos interferir."

    - Elie Wiesel

CONTENIDO

INTRODUCCIÓN

El Pequeño Libro #MeToo para Hombres es una crítica de nuestra cultura andro-dominante en Estados Unidos, enmarcada a través de los lentes de una sola pregunta desafiante. ¿Por qué #MeToo es una fuente alarmante para tantos hombres? Este libro es el resultado de diez años de escribir y hablar sobre la virilidad como editor en jefe del sitio web the Good Men Project. Está escrito desde la perspectiva de un hombre blanco criado en los Estados Unidos, pero me han dicho que estas cuestiones resuenan globalmente, que tanto hombres como mujeres están lidiando con versiones de estas cuestiones en todos lados.

Para millones de hombres, la hombría puede parecer como una conclusión evidente, trazada por nosotros por las reglas entendidas universalmente para ser un "verdadero hombre." Estas reglas determinan cómo caminamos, cómo hablamos, lo que pensamos y hacemos, lo que vemos como nuestras responsabilidades y más importante, cómo perseguimos o fallamos en perseguir nuestras necesidades, querencias y deseos más profundos.

Las reglas de hombría se vuelven tan centrales a lo que creemos como para hacer la distinción entre nosotros mismos y nuestra cultura de hombría invisible a nosotros. Cuando millones de hombres vivimos nuestras vidas sujetos a las reglas de una cultura de la que no estamos completamente conscientes, esto puede ser dañino para nuestras familias, nuestras comunidades, nuestra calidad de vida colectiva, e incluso nuestra longevidad. Como tal, este libro busca fomentar una conversación acerca de cómo chicos y hombres llegamos a lo que creemos hoy día.

Si esta conversación puede revelar siquiera el más mínimo brillo de la luz del día entre nuestra cultura dominante de masculinidad y nuestras propias elecciones diarias como hombres, mi esperanza es que encontraremos, en ese espacio, una conexión más vibrante y auténtica a nuestra esencia, nuestro poder y nuestra humanidad.

Mark Greene
Noviembre 2018
Ciudad de Nueva York

1 /COLISIÓN

No podemos entender por qué #MeToo es tan alarmante para los hombres sin entender la hombría en Estados Unidos. Los dos están inevitablemente entrelazados. Debemos mirar cómo nuestra cultura andro-dominante es construida, lo que crea en el mundo y cómo esto impacta la vida de la gente.

Ninguna cultura es inmutable. Las culturas son fluidas y están siempre cambiando. Nuestra cultura andro-dominante coexiste y se traslapa con una multitud de otras, cada una surgiendo y menguando a través de generaciones. Las culturas pueden ser religiosas, corporativas, políticas o sociales, y basadas algunas veces en rígidas delimitaciones, y otras veces en el entremezclado de, clase, raza, género, credo y otras categorías de identidad social.

¿Qué es entonces, cultura? Cultura es un acuerdo colectivo de cómo debemos comportarnos, integrado en el cómo construimos nuestras identidades, y reconfirmado diariamente en nuestras acciones. Aquellos con más poder y recursos frecuentemente tienen más voz en cómo se define la cultura. Aquellos con menos poder frecuentemente resisten esas definiciones.

Nuestro acuerdo colectivo sobre cómo los hombres deberían comportarse ha sido formado y reformado con el tiempo. Cada vez que estamos listos para hacerlo, cambiamos hacia un nuevo acuerdo colectivo, cambiando la hombría, a veces a pasos agigantados, a veces sólo en pequeños grados. Este proceso es continuo, atrapado en el estira y afloja de generaciones, género, raza, sexualidad, religión, política y la cultura más amplia.

Mientras más dominante una cultura, más pelearán en su defensa aquellos que la han internalizado. Mientras más arcaica e inflexible una cultura, más será desafiada ya que falla cada vez más en cubrir las necesidades de aquellos a quienes impacta. Lo que siempre ha sido y lo que está por venir eventualmente entran en conflicto directo. De ahí el término, guerra cultural. La colisión resultante puede ser caótica, alarmante y llena de retos, creando gran incertidumbre diariamente o incluso cada hora, desorganizando nuestro sentido de quiénes somos y cómo opera nuestro mundo.

Mientras las mujeres toman el estandarte de #MeToo por millones, muchos hombres se están sintiendo conflictuados, alarmados, molestos, e incluso desanimados. ¿Cómo es que los hombres son desafiados por un movimiento que dice, "No violes, acoses sexualmente o abuses otros seres humanos"? Estas son ideas que todos podemos respaldar,

¿verdad? Pero no está resultando ser de esa manera.

La incertidumbre y alarma que crea este movimiento en los hombres puede ser profunda, dando tumbos desde dentro de nuestras identidades construidas, desde dentro del proceso por el que experimentamos y expresamos quiénes somos, y desde dentro de las estructuras por las cuales se nos asigna nuestro estatus.

Los hombres tenemos nuestras propias historias #MeToo, cuando nosotros mismos fuimos acosados sexualmente, atacados, o violados. Estas historias, que los hombres han sido avergonzados para esconder o negar, son justo un ejemplo más del porqué este terremoto llamado #MeToo sacude la tierra bajo nuestros pies. #MeToo desafía desde múltiples ángulos el sentido de control sobre, y de confianza en, quienes somos de los hombres. "La vida solía ser simple. Ahora es complicada. Hombres y mujeres solían saber su lugar. Ahora no sabemos. No quiero pensar en esto."

#MeToo pasará a la historia como uno de los más poderosos puntos de inflamación culturales/políticos en la historia estadounidense. Mientras #MeToo llama a nuestros mejores ángeles, también compele a los hombres a hacer una evaluación fundamental de todo lo que hemos suprimido, negado o dado por sentado acerca de nuestras propias identidades masculinas. Lo que hace que hablar de #MeToo sea la única conversación que muchos hombres NO quieren tener.

Los peligros de reconocer, mucho menos abogar por

las mujeres dentro de nuestros círculos sociales son bien conocidos por nosotros. Existen lados terribles y oscuros del mundo de los hombres, donde los machos alfa exhiben su pavoneante dominio de vestidores, retando a cualquiera a desafiar su desprecio abierto por las mujeres, para después alegremente dirigirse a casa con sus esposas e hijas a sentarse para la cena del domingo.

De esta manera, generaciones de hombres hemos sido buleados para apartar nuestros ojos de la horrible y abusiva dualidad de nuestras relaciones con las mujeres. Pero es precisamente el oscuro desdén por las mujeres, que atraviesa nuestra iniciación en la hombría, que nos ha dirigido a todos hacia #MeToo.

2 /EPIDÉMICO

A comienzos de los 1980's, Paul Kivel, Allan Creighton y otros en el Proyecto de Hombres de Oakland desarrollaron "Act Like a Man Box" (la Caja de Actúa Como un Hombre) en su trabajo con adolescentes en escuelas públicas alrededor del Área de la Bahía de San Francisco. En 1992, Kivel documentó su proceso de taller en su libro Men's Work: How to Stop the Violence That Tears Our Lives Apart (Trabajo de Hombres: Cómo Detener la Violencia Que Destroza Nuestras Vidas.) Como Kivel lo explica, fue aquí donde primeramente enmarcaron su concepto de "caja de hombre".

"Invitamos a muchachos y hombres a explorar las reglas culturales por las que han sido socializados para cumplir con las definiciones estrechas de masculinidad, vigilar la masculinidad de otros y usar su poder y privilegios para imponer explotación basada en género, violencia, y abuso en contra de las mujeres, las personas LGBTQ, y otros grupos marginados."

En años siguientes de hacer trabajo para hombres en centros penitenciarios y otros espacios desafiantes, Tony Porter, el fundador de A CALL TO MEN (Una Llamada a los Hombres), parafraseó el término de Kivel:

"Paul estaba en el punto, no hay duda de eso", Porter dice: Él estaba en el punto. Pero la manera en que él lo estaba diciendo no hubiera funcionado a los hombres a los que les estaba hablando. Así que, yo tomé ese término, "comportamiento de caja de hombre", y lo acorté a la "caja de hombre".

En 2010, la explosivamente popular TED Talk de Tony Porter titulada "A Call to Men" (Una Llamada a los Hombres) llevó consciencia de la caja de hombre a una audiencia mundial.

En uso general hoy, el término caja de hombre típicamente se refiere a la aplicación de un conjunto estrechamente definido de reglas tradicionales para ser un hombre. Estas reglas son impuestas al avergonzar y bulear, así como con promesas de recompensas, cuyo propósito es forzar la conformidad con nuestra cultura dominante de masculinidad.

Debido a que la man box comienza impactando a los niños en el nacimiento, a los tres o cuatro años ya participan de un orden jerárquico de bullying como prueba de su hombría. El resultado es que nuestros hijos se compran el bullying y abuso como mecanismos centrales para formar y expresar estatus e identidad masculina.

Esta cultura de bullying tiene un profundo efecto de

14

aislamiento en los niños, apagando su expresión auténtica, agudeza emocional y suprimiendo su desarrollo relacional. El impacto aislador de la *man box culture*[1] está en el corazón de los niveles epidémicos de soledad, adicción, depresión, violencia y suicidio en hombres. Hasta que despertemos y entendamos que nuestra desconexión en el mundo está literalmente matándonos, seguirá matándonos cada maldito día.

Es por eso que esta conversación sobre la hombría tiene que suceder. Si nosotros como hombres no lo hacemos por nosotros mismos, atrapados en nuestra indecisión sobre simples imperativos morales, enojados y a la defensiva, entonces debemos reunir el coraje para tener esta conversación por aquellos a quienes amamos. Debemos encontrar la fuerza para crear una cultura de hombría más sana y más diversa para nuestros niños y nietos, quienes merecen crecer en un mundo libre de la brutal inequidad que nosotros, por nuestra indecisión colectiva, estamos manteniendo.

Para los hombres, auto reflexionar sobre #MeToo afirma la vida y es profundamente desafiante. Ser capaz de cuestionar y reconsiderar quiénes somos y en qué creemos, es una capacidad que nunca ha sido valorada en nuestra cultura varonil. Aun así aquí estamos, confrontados con una elección. Podemos apartar nuestros ojos de las duras verdades de #MeToo o podemos comprometernos y, en el proceso, desempacar años o incluso décadas de condicionamiento, y que probablemente el precio ha sido la pérdida de nuestra conexión auténtica en el mundo.

Repensar nuestro rol como hombres guarda la promesa muy real de mejorar cada métrica por la que medimos la calidad de vida, incluyendo hasta cuánto tiempo viviremos.

Los días cuando #MeToo era problema de alguien más se han ido. Ya nadie es un espectador. Demasiados hombres han sido manipulados para atacar a las mujeres, oponiéndose al progreso y abusando unos de otros. Nuestros padres, hermanos e hijos están literalmente muriendo de la carencia de comunidad y conexión en el mundo. Resulta que la guerra contra las mujeres es también una guerra contra los hombres.

Ya ha pasado mucho tiempo para elegir un bando. ¿Y cuáles son los bandos? Los bandos son simples: equidad, sí o no. Estamos confrontando un momento de verdad basados en un simple imperativo moral: que todos los seres humanos son creados iguales.

---

[1] O man box culture; se refiere al término en inglés que trata de explicar el encasillamiento, basado en reglas socioculturales, en el que muchos hombres viven. Este concepto se verá en mayor detalle en el capítulo 5

3 /COLAPSO

Pregúntale a la mayoría de los hombres, sin importar dónde están en el espectro político, y te dirán. Algo se siente apagado. Algo no está bien. Diariamente lo sentimos, una naciente dislocación, una cansada insatisfacción, y un inquieto sentido de creciente ansiedad. Es el tipo de incomodidad que sientes al lentamente darte cuenta de que el juego que has estado jugando está amañado. Todas sus vidas los hombres han sido engañados, y están empezando a entenderlo en números cada vez mayores.

Desde algunos cuarteles, las voces de los hombres suenan molestas y reactivas. Dicen que a los hombres no se les permite ser hombres; que las mujeres están tomando el control. Otros se sienten profundamente inciertos, preguntándose cómo participar, incluso apoyar movimientos como #MeToo sin terminar atrapados en el binario fuego cruzado de nuestras guerras culturales.

La lucha por la equidad de las mujeres está creando una convulsión que es explosiva en sus implicaciones para el sentido central de identidad de los hombres. #MeToo es un terremoto particularmente oportuno, viniendo en el momento liminal de la historia donde mucho de lo que antes eran identidades masculinas apuntaladas, social y económicamente, está colapsando.

Vaya a cualquier salón de secundaria o preparatoria en Estados Unidos. Pídales a los chicos de ahí que le digan las reglas para ser un hombre. Todos le dirán las mismas cosas. Siempre ser fuerte. Siempre ser exitoso. Siempre tener confianza. Siempre tener la última palabra. Siempre ser el líder. Pero una de las primeras reglas de hombría que esos chicos le dirán es que los "verdaderos hombres" no demuestran sus emociones.

Las implicaciones de esta sola prohibición corren profundo, informando casi cada aspecto de la vida de los hombres, y por extensión, de las mujeres. Hasta hoy, entrenamos a nuestros hijos a mostrar una fachada de dureza emocional y a nuestras hijas a admirar esa fachada en los hombres. Incluso en la infancia, se espera que los niños pequeños comiencen a modelar estoicismo, confianza, rudeza física, autoridad, y dominación. El tipo fuerte y silencioso sigue siendo el símbolo central estadounidense de cómo ser un "verdadero hombre."

Esas reglas para ser un "verdadero hombre", a menudo referidas como *man box culture,* son la razón por la cual la nostalgia por la pasada era estadounidense de los 1950's es tan atractiva para tantos hombres. Esos Estados Unidos de antaño, donde gran parte de las mujeres aceptaban su estatus de ciudadanas de segunda categoría, proporcionó el contenedor cultural que hizo la cultura de caja de hombre aparentemente gratificante para los hombres, y sus catastróficos costos personales relativamente invisibles.

Pero ahora, después de un siglo o más de la batalla duramente peleada por las mujeres hacia la igualdad, el remanente de nuestra retrógrada era del contenedor cultural de los 1950's está colapsando. Al hacerlo, elcoso brutal e aislador de la *man box culture* se vuelven más evidentes para los hombres, menos los beneficios compensatorios que antes proporcionaba cuando las mujeres (y personas de color, y personas LGBTQ, e inmigrantes, y tantos otros) no tenían otra opción más que seguir el juego.

Es en este espacio cultural liminal entre lo que fue y lo que va a ser, que los hombres están experimentando una profunda incertidumbre. Ampliamente confiados en el mando y control jerárquico de la cultura masculina, nunca se nos ha enseñado a manejar la incertidumbre, mientras las mujeres, quienes han sido históricamente sujetas a los caprichos de los hombres, la han tenido que manejar toda la vida.

Dado que las identidades masculinas construidas por la *man box* están basadas no en crear y mantener relaciones y comunidades auténticas, sino en una estricta adherencia a roles jerárquicos, la pérdida del contenedor cultural que valida esos roles, se siente como una terrible pérdida de identidad central.

4 /LO PERDIDO

Por generaciones, los hombres han sido condicionados a competir por estatus, siempre luchando por llegar a la cima de una vasta pirámide Darwiniana enmarcada por un simple pero despiadado conjunto de reglas. Pero los hombres que compiten para ganar en nuestra cultura de caja de hombre están colectivamente condenados a fallar, porque el juego en sí mismo está amañado. Estamos desperdiciando nuestras vidas persiguiendo un conejo falso alrededor de una pista, todo el tiempo convencidos de que hay que conseguir carne para comer. No hay carne. Nosotros somos la carne.

La lenta comprensión de que nunca podremos ganar es, la no hablada y no reconocida, fuente del pánico y rabia masculinas que surgen a través de nuestra cultura. Como muchos hombres, he desgastado décadas de mi vida tratando de actuar el modelo de *man box* de la hombría, el que por diseño nos deja luchando para probar nuestra hombría al tiempo de fallar siempre en hacerlo completamente.

La *man box culture* está profundamente engranada en

nosotros debido a que comienza a ejercer su influencia en los días después de que nacemos. Como niños pequeños comenzamos a suprimir nuestras propias capacidades naturales de conexión emocional y relacional, poniéndonos así en un camino hacia una vida de aislamiento. El daño está hecho antes de que siquiera seamos lo suficientemente grandes como para entender lo que está pasando.

La lista de capacidades relacionales centrales que la cultura de caja de hombre suprime incluye la empatía. La supresión de la empatía en chicos y hombres no es accidental. Es la supresión de empatía la que hace posible una cultura de competencia despiadada, bullying e inequidad codificada. Y es en la ausencia de empatía que los hombres no logramos ver la equidad de las mujeres y muchos otros asuntos sociales por lo que son: simples y fácilmente representados imperativos morales.

Es impresionante que a pesar de nuestra *man box culture*, muchos hombres continúen peleando por conexión, comunidad y equidad en el mundo. Pero esto sucede a pesar de todo lo que la *man box culture* nos hace. Imagina un mundo donde fomentamos la inteligencia relacional de cada chico en lugar de suprimirla. Imagina un mundo sin *man box*.

5 /LA MAN BOX

Tengo que darle su mérito a la *man box*. ¿Esta trampa particular que hemos creado colectivamente? Es un trabajo realmente desagradable. La *man box culture* hace cumplir un pequeño y claro conjunto de reglas para ser un "verdadero hombre":

Los "verdaderos hombres" no demostramos nuestras emociones.

Los "verdaderos hombres" somos heterosexuales, híper-masculinos, y sexualmente dominantes.

Los "verdaderos hombres" nunca pedimos ayuda.

Los "verdaderos hombres" siempre tenemos la última palabra.

Los "verdaderos hombres" somos proveedores, nunca cuidadores.

Los "verdaderos hombres" somos económicamente estables.

Los "verdaderos hombres" somos fuertes física y

emocionalmente.

Los "verdaderos hombres" estamos centrados en el deporte.

Las maneras en que se espera que probemos nuestra hombría no son sobre quiénes somos, sino sobre lo que hacemos: por lo que ganamos, los puntos que logramos, con quiénes nos acostamos, cómo nos ejercitamos, cuándo dominamos, triunfamos, ordenamos, lideramos, arreglamos y controlamos.

En un mundo donde la hombría está basada en lo que hacemos en lugar de lo que somos, los hombres somos reducidos al último pago que cobramos, o la última mujer con la que nos acostamos, o el último dolor desgarrador que silenciosamente soportamos. Esta es la genialidad de la *man box*. Nuestra única opción es continuar, empujando hacia una zona de salida que está ante nosotros, sólo a unas pocas yardas de distancia. Sólo unas pocas corridas más hacia la ensangrentada línea defensiva, extendidos frente nosotros, otros hombres, con sus ojos fijos en un distante poste que nunca podemos ver.

En su libro, When Boys Become Boys (Cuando los Niños se Vuelven Niños), la Dra. Judy Chu de la Universidad de Stanford documenta cómo nuestros hijos son enseñados a esconder su temprana capacidad para ser emocionalmente perceptivos, articulados, y responsivos. Empezando en preescolar, nuestros niños pequeños aprenden a alinear sus comportamientos con "el estereotipo desconectado emocionalmente que nuestra cultura proyecta en ellos."

Chu escribe, "Los niños son enseñados a esconder emociones vulnerables como tristeza, miedo, y dolor, que implican debilidad y son estereotípicamente asociadas con feminidad."

En su libro, Deep Secrets (Secretos Profundos), la profesora e investigadora de la Universidad de Nueva York Niobe Way comparte los resultados de sus años de investigación entrevistando chicos adolescentes acerca de sus amistades más cercanas. La investigación de Way muestra cómo la alegría de nuestros hijos en la amistad y conexión se atrofia lentamente con el tiempo, martillada en el mensaje de que necesitar o desear amigos cercanos es "infantil, femenino, u homosexual."

En relación al movimiento #MeToo, es crucial que reconozcamos dos puntos aquí:

A los chicos se les enseña que su deseo de amistades cercanas es "femenino"

A los chicos se les enseña que "femenino" es menos.

En lo que es claramente representativo el impacto aislador de la *man box culture,* son los chicos que están entrando a la adolescencia avergonzados y buleados en ver su conexión cercana auténtica con su mejor amigo como débil (femenino). En consecuencia, lentamente rompen contacto con sus amistades más cercanas. Es en este tiempo que las tasas de suicidio para chicos crece, convirtiéndose en cuatro veces más alta que para chicas (Way, 2011).

Les decimos a los chicos "Hazte hombre." Les decimos a los chicos "No seas marica." Pero lo que realmente estamos comunicando es "No seas femenino, porque femenino es menos." Al asignar erróneamente género a la conexión humana auténtica como femenina, y entonces entrenar a los chicos a ver a lo femenino como menos, es como bloqueamos a nuestros hijos del proceso de ensayo y error de crecer sus poderosas capacidades relacionales, dirigiéndolos a toda una vida de aislamiento.

En el tiempo que los chicos deberían estar expresando y construyendo sus identidades de maneras más diversas, enraizadas, y auténticas, son brutalmente condicionados a suprimir la expresión auténtica y en cambio unirse cercanamente a la expresión del privilegio masculino como identidad. Y así, los hombres presumen del sexo casual y desaparecerse de las mujeres, buscando un lazo a través de las narraciones uniformemente degradantes y despreciativas de las conversaciones de vestidor.

¿El resultado? Los chicos son buleados y avergonzados hacia ser mitad anti-mujeres y mitad anti-ellos, suprimiendo cualquier expresión auténtica de quienes son, incluso mientras compiten por alardear su privilegio masculino. El impacto del progreso de las mujeres hacia la equidad en el sentido central de identidad de estos hombres no puede ser subestimado. Es debido a que la equidad de las mujeres es antitética a cómo la *man box culture* construye la identidad masculina, que algunos hombres están comprometidos en una feroz batalla para deshacer los avances que las mujeres han logrado.

Entre tanto, debido a que la necesidad de amistades cercanas es avergonzada en chicos y hombres, nos conformamos con amistades de proximidad, relaciones a nivel superficial en nuestro trabajo, en la Junta de Padres de Familia o el gimnasio. Estas amistades son intercambiables. Si nuestros hijos se cambian a una nueva escuela dejamos un grupo de amigos y hacemos uno nuevo. "¿Qué diferencia hace? Todos funcionan igual. Sólo platicar de deportes, evitar cualquier cosa real."

Podemos los hombres, fallar momentáneamente en confirmar cualquiera de las reglas de la *man box,* y somos rápidamente vigilados para regresar a la línea. Lo que pudiera empezar para nosotros como vigilancia externa eventualmente se convierte en nuestra voz interna. "Necesito hacer más dinero. Soy un marica por sentirme inseguro de mí mismo. Soy demasiado lento, demasiado gordo, demasiado débil."

La ansiedad de bajo nivel que esta vigilancia interna crea es tan consistente que se vuelve la línea base para nosotros porque en la cultura de caja de hombre nunca podemos tener suficiente éxito, confianza o seguridad. Nunca habrá suficiente de nada. Tal vez teniendo más dinero o sexo ayudará. Y ahí vamos de vuelta a la rueda.

Que conste, *man box culture* no es la masculinidad tradicional. Las dos no son equivalentes. *Man box* se refiere a la aplicación de la masculinidad tradicional. Esta es una distinción crucial. A algunos hombres, la masculinidad tradicional les queda bien. La *man box culture* levanta su fea cabeza cuando la hombría tradicional es forzada en millones de hombres a quienes no les queda bien, buscando acabar con el vasto universo de masculinidades de más amplio rango.

Para los valientes hombres que se defienden de la *man box culture*, tener una hombría diferente puede condenarlos al ostracismo, a ser abandonados, avergonzados, despedidos, golpeados o asesinados. E incluso cuando tratamos de conformarnos con la *man box*, todavía siguen miles de maneras de faltar, fracasar, o tropezar.

La *man box culture* no está diseñada para dejar triunfar a los hombres, para dejarnos ganar. Está diseñada para mantener a los hombres vigilados, y buleados, y ultimadamente, temerosos unos de otros.

6 /VOCES MOLESTAS

Mientras los hombres envejecemos en la *man box,* nos damos cuenta con ansiedad creciente que no podemos seguir probando nuestra hombría para siempre. Tal vez los pagos no llegan, o nuestras rodillas están fallando, o las bromas no funcionan, o lo que sea. Eventualmente, el sistema de hombría que compramos nos tira al lado del camino y sigue corriendo, energizado por una nueva generación de hombres más jóvenes y más hambrientos; nuevos perros para cazar el conejo, más hámsteres en la rueda.

Nuestra *man box culture* donde el ganador se lleva todo eventualmente cumple su promesa. Siempre nos ha dicho lo que es. ¿Tal vez no estábamos escuchando? Unas pocas personas en la cima ganan, los demás son borrados.

Y sólo está empeorando. Un componente central de los Estados Unidos en los 1950s era una creciente economía post-guerra y seguridad laboral para hombres (no mujeres), que apuntalaba a millones de hombres trabajadores la regla central de la *man box* de ser proveedor. Pero el ethos perrocome-perro de la caja de hombre ultimadamente condujo a unos Estados Unidos donde los trabajos trasladados al extranjero, las poco vendidas hipotecas de alto riesgo, y la creación de modelos predatorios del negocio del cuidado de la salud son sólo ejemplos de alguien haciendo bien la *man box*. Esto significa millones de hombres hemos sido despojados de nuestro rol primario de proveedores dentro del mismo modelo de hombría que hace del "proveer" una marca central de nuestro éxito. ¿El resultado? El desempleo y la privación económica están conduciendo a alarmantes tasas de suicidio entre hombres más grandes en edad productiva.

Y así, al caer la cortina, los hombres estadounidenses que envejecen son abandonados, aislados y desconectados, orillados a expresar la única emoción que se nos ha dado permiso de expresar: la ira. Y fieles a nuestro entrenamiento de *man box*, intentamos dirigir nuestro enojo a cualquier otro menos a nosotros mismos.

Admitir que hemos sido engañados iría en contra de toda regla de la *man box culture*. Requeriría que reconozcamos nuestra propia autonomía en todo esto. Requeriría que admitamos que nuestra firme confianza en la dominación y certidumbre, nuestra obsesión con el culto estadounidense por el individualismo de arranque, nos ha terminado fallando. Requeriría una reevaluación de nuestras prioridades, nuestras creencias y nuestra visión de otros. Más que nada, requeriría auto-reflexión, una capacidad que nunca nos fue enseñada por la cultura de hombría que no se preocupa por quiénes somos. Y cuando nuestro enojo termina volteándose contra nosotros mismos, los hombres se suicidan en números cada vez mayores debido a que no tenemos una comunidad robusta de hombres y mujeres a quienes podamos acudir en una crisis.

¿Cómo hemos sido engañados los hombres? Miramos un día, y descubrimos que hemos sido robados de nuestras relaciones auténticas y comunidad robusta que por cientos de miles de años, literalmente desde el amanecer de la humanidad, le ha dado a los seres humanos su propósito y significado. En cambio, nos sentamos en nuestras comunidades cerradas frente a nuestras TVs de pantalla grande y estamos solos, desconfiados de otros, y temerosos de cualquiera diferente, cualquiera que no es nosotros. Hemos sido buleados por la *man box* a intercambiar la alegría fundamental de la conexión humana por un vacío, aislador orden jerárquico de los machos alfa. Nos volvemos como perros encadenados solos al fondo del patio, aullando y enloquecidos.

El toque de tambor constante de ira masculina que inunda los medios y surge en nuestra política nacional está enraizado en la auto-alienación y aislamiento social colectivo que define nuestra cultura de hombría de la *man box*. El resultado es hombres en niveles epidémicos de divorcio, depresión, adicción, suicidio, violencia, y tiroteos masivos.

Nos engañaros. Sí, así fue. Y todos los demás están pagando el precio.

7 /BILLY EL BULEADOR

El blogger de la página *Woke Daddy* (Papá Despierto), Ludo Gabriele publicó un blog titulado, *"The Sordid (Yet Insightful) Tale of a Panic Attack"* (El Sórdido [Pero Perspicaz] Cuento de un Ataque de Pánico). Es una mirada dentro del colapso de un hombre en el terror. Nos implora a mirar más de cerca cómo la *man box* opera para los hombres en nuestra cultura. Cada hombre despierto. Incluso yo.

La voz internalizada del policía en nuestra cabeza que Ludo describe (lo llama Billy el Buleador) genera la ansiedad de bajo nivel que muchos hombres sentimos diariamente al mirar sobre nuestros hombros, tratando de ver si estamos siendo juzgados, apunto de ser delatados. "¿Qué, eres un marica? ¿Qué, eres una nena?," y demás.

Cuando el constante estrés y miedo de ser vigilado de la *man box* llega a ser demasiado, cuando el alcohol o drogas o sexo no calman más la ansiedad, el policía en nuestra cabeza nos ofrece una "tarjeta gratuita de salida de la cárcel," un pase instantáneo a la línea del frente. Podemos simplemente desahogar nuestra ansiedad, al avergonzar y vigilar a alguien más. Bulea a un niño flaco. Golpea a un hombre raro. Desaparece de la vida de una mujer. El componente abusivo de la conversación de vestidores de la *man boxes* su componente más insidioso. En un simple acto, podemos reforzar la cultura de caja de hombre y reforzar en nuestras propias mentes que merecemos ser los siguientes si fallamos en conformarnos adecuadamente.

Tarde o temprano, este horrible circuito de vigilancia se queda localizado enteramente dentro de nosotros mismos. Otros hombres no tienen que delatarnos más. El policía en nuestra cabeza, Billy el Buleador, nos recuerda diariamente que podemos fallar en cualquier momento, que nos están viendo. Para probar a Billy que estamos en el programa, golpeamos nuestros lados humanos más conectivos y alegres a la sumisión. "¿Ves, Billy? Le demostré."

Y ya que la *man box* nos entrena a suprimir nuestra necesidad de conexión humana y auténticas amistades masculinas, hemos perdido el mecanismo más central por el que podemos pedir apoyo, por el que podemos sobrepasar nuestros retos y crecer. Nos quitan a golpes nuestra auténtica conexión en el mundo, dejándonos solos en la oscuridad con Billy el Buleador.

Y Billy nos quiere muertos.

8 /EPIDEMIA DE AISLAMIENTO

Un estudio del 2010 de la AARP (Asociación Americana de Personas Retiradas) estima que uno de cada tres estadounidenses de 45 años o más (eso es 42 millones de personas) están crónicamente solos, más que uno de cada cinco estadounidenses diez años atrás. Cigna (compañía de Seguros) lanzó un estudio en 2018, el cual demuestra que "Cerca de la mitad de estadounidenses reportan sentirse solos algunas veces o siempre." El estudio Cigna continúa diciendo, "La generación Z (adultos de 18-22 años) es la generación más solitaria y afirman estar en peor salud que generaciones más viejas."

Nuestra cultura aisladora de la *man box* es un contribuyente central a nuestra epidemia de soledad, y la soledad es asesina. La soledad crónica es un factor de riesgo tan grande para la mortalidad como fumar, incrementa la posibilidad de cáncer, diabetes, enfermedad del corazón, enfermedad de Alzheimer, obesidad, depresión, y una serie de otras enfermedades. El cáncer hace metástasis más rápido en personas solitarias. Para millones de hombres, la soledad nos está matando antes de nuestro tiempo.

Jay Sefton, licenciado consejero de salud mental, recientemente hizo la siguiente observación sobre la epidemia de opiáceos en el sitio web, Medium:

"La cultura de represión masculina es a menudo un factor clave subyacente para los hombres que luchan con la adicción. Lo veo frecuentemente en mi práctica y es verdad en mi propia batalla con el alcoholismo. La presión de adherirse a los roles culturales y guiones para hombres en nuestra sociedad es tan penetrante que generalmente no nos damos cuenta que corre en el trasfondo.

Es como el silencio que desciende durante un apagón — no nos damos cuenta de cuan ruidosa es la electricidad del ambiente hasta que se va. Tal vez alguien es tratado por una lesión y no se dio cuenta que el dolor psicológico estaba presente hasta que la medicación para el dolor lo alivió. Una vez que finalmente obtenemos alivio, nunca queremos que el dolor regrese. Desafortunadamente, las drogas y alcohol siempre fallan a largo plazo en cumplir la promesa de remover el dolor causado por los elementos tóxicos de la cultura. Debemos entonces confiar en la compasión y amor radicales para ofrecer sanación real."

9 /#METOO

Lisa Hickey, la editora y directora ejecutiva de Good Men Project tiene un punto simple que dar sobre #MeToo.

La campaña #MeToo fue creada originalmente en 2007 por la activista Tarana Burke en respuesta a las historias de agresión sexual que estaba escuchando de niñas y mujeres. #MeToo tuvo un gran aumento de prominencia el 15 de octubre de 2017, cuando la actriz Alyssa Milano tuiteó: "Si ha sido acosada o agredida sexualmente, escríba "me too" (a mí también) en respuesta a este tweet".

La efusión resultante de las historias de #MeToo explotó en las redes sociales, llegando finalmente a millones. Para Hickey, se cumplió la intención del tweet de Milano, lo que demuestra la magnitud del problema.

#MeToo trata sobre ser testigo solidario entre las víctimas de acoso sexual, abuso, agresión o violación. Cualquier persona que está en desacuerdo con #MeToo está teniendo problema, primeramente, con la gente que dice "Sí, esto también me pasó a mí".

En la Encuesta Nacional de Violencia Sexual y de Pareja, los Centros para el Control y la Prevención de Enfermedades de EE. UU. informan que "Aproximadamente 1 de cada 5 (21.3% o aproximadamente 25.5 millones) de mujeres en los EE. UU. informaron haber experimentado intento de o violación completa en algún momento de su vida. "A nivel mundial, ese número es mucho mayor.

Hay algunos hombres que insistirán en que estos números están inflados. Algunos de nosotros realmente queremos debatir cuántos millones de violaciones están ocurriendo. ¿En realidad son quince millones? ¿Diez millones? ¿Qué tipo de cultura de la virilidad es capaz de organizar un debate sobre la violación en términos de cuántos millones realmente están siendo violados, en lugar de cómo detenerlo?

Imagine diez mujeres que conozca personalmente. Estadísticamente, es probable que dos de ellas sean sobrevivientes de violación. ¿Cuáles dos? No lo sabemos, ¿verdad? Ahora imagine el aula de su hijo(a) o de cualquier otro niño(a). Imagine diez de esas niñas pequeñas. ¿Cuáles dos de ellos serán sobrevivientes de violación? ¿Ya llegamos? ¿Nos sentimos un poco enfermos?

Este es el lugar al que los hombres deben llegar sobre la pregunta que propone #MeToo.

Si queremos que los hombres ayuden de verdad, el desafío central que debemos abordar colectivamente es cómo estamos entrenados desde una edad temprana para normalizar toda una gama de actos "menores" de acoso y abuso sexual contra niñas y mujeres. Estos actos abusivos incluyen acoso callejero, bromas sobre violación y "conversaciones de vestidor", entre muchos otros.

Al afirmar constantemente su derecho a perpetrar actos abusivos contra niñas y mujeres, algunos hombres nos han intimidado al resto para que aceptemos en silencio que todas las mujeres que conocemos, así como miles de millones de mujeres que nunca tendremos la oportunidad de conocer, tendrán que lidiar con hombres abusivos Y este es solo un ejemplo de la normalización del abuso. Nuestra cultura de masculinidad basada en el dominio, normaliza activamente el comportamiento abusivo en todas las facetas de nuestra vida personal y profesional.

Cuando un hombre en la oficina le dice a un grupo de hombres a su alrededor, "Ella tiene un buen culo", es importante entender este tipo de declaración pública por lo que es, por la función que sirve para reforzar una cultura dominantemente masculina.

Por supuesto, los buenos como nosotros estamos volteando los ojos o alejándonos pensando: "Algunos tipos son idiotas y dicen cosas sobre las mujeres, pero qué más da, no voy a entrar en eso". Y en nuestro silencio, permitimos que se mantenga en su lugar la afirmación de que la degradación de las mujeres es solo parte de la masculinidad. "Algunos hombres son así".

Hace un tiempo, un chico publicó esto en mi feed de Facebook: "Las conversaciones de vestidor son solo eso.

Todo es charla y no te convierte en un depredador". La idea es que la charla de vestidor es inofensiva. Es justo lo que hacen los hombres.

Involucrarse "charlas de vestidor" no nos convierte en depredadores, pero ciertamente perpetúa una cultura en la que los depredadores pueden esconderse. El término "charla de vestidor" está literalmente diseñado para otorgar permiso, incluso alentar a los hombres a hablar de esta manera, como si los vestidores fueran espacios mágicos exclusivos para hombres. Cada espacio social masculino que existe tiene un impacto en la vida de las mujeres porque nuestras palabras como hombres nos acompañan, nos cambian, informan lo que hacemos a continuación.

Nuestra denigración de las mujeres, o nuestra elección de permanecer en silencio cuando otros lo hacen, tiene lugar en un mundo poblado por las mujeres y las niñas que deben convivir con nosotros, junto con las palabras, ideas y depredadores a los que les damos refugio.

Principio 11: ¡La Pirámide de Cultura de Violación de género neutral del Consentimiento! Es una poderosa representación de estos temas y más. Vaya a: 11thPrincipleConsent.org.

10 /NO TE METAS CON JOE

La abrumadora tendencia de los hombres a permanecer en silencio ante la denigración diaria de las mujeres, apoya la continua normalización del acoso sexual y la violencia contra las niñas y las mujeres. Cuando los hombres son desafiados con este argumento, a menudo retrocedemos. "No soy un violador, mis amigos no son violadores. Nos está llamando a todos violadores ".

Entonces, seamos claros. Nadie está diciendo que todos los hombres colectivamente son violadores. Lo que estamos diciendo es que millones de hombres están eligiendo permanecer en silencio mientras las mujeres son denigradas y ni siquiera somos conscientes de por qué lo hacemos.

Veinte millones de mujeres son sobrevivientes de intento o violación.

La *man box culture* se liga a la base de la Pirámide de Asalto Sexual en el momento en que la degradación de las mujeres se vuelve parte de nuestra actuación de hombría. Y a pesar de que millones de nosotros no estamos de acuerdo con este comportamiento, estamos condicionados a evadir el conflicto con otros hombres cuando lo hacen. Esto es porque los hombres que degradan a las mujeres están preparados para atacarnos también. Son los buleadores alfa de la *man box culture,* y la primera regla para evitarlos es evitar cualquier defensa de las mujeres. De esta manera, los hombres han sido condicionados por toda una vida a evadir la conversación #MeToo como una plaga.

Cuando Joe, el gerente de la oficina, dice, "Ella tiene un buen culo" a un grupo de hombres en el enfriador de agua, inmediatamente ubicamos a Joe como cierto tipo de hombre. Y somos confrontados con una elección. Exponerlo o no. "Joe, no digas eso," es todo lo que tomaría, pero la denigración pública de Joe a las mujeres nos dice quién será su próximo objetivo. Ya que Joe no sólo está degradando a las mujeres en la oficina, está "pescando" a los hombres que lo rodean, probando quién pudiera discrepar. Está declarando su política y su poder.

Si cualquiera de nosotros desafía a Joe, inmediatamente redirigirá su desprecio de las mujeres hacia nosotros. "Ah, ya veo cómo es. ¿Quieres tener sexo con ella? ¿O eres algún tipo de feminista?"

En la guerra, esto se llama fuego de supresión, diseñado para suprimir la disposición de todos los hombres en el grupo de exponer a Joe. Entre tanto, Joe está abierta y vocalmente afirmando el estatus de segunda categoría de las mujeres, porque sin esa sola premisa central rigurosamente impuesta, su identidad construida de man box colapsa. En el momento que las mujeres ganen completa equidad, Joe las pierde como símbolos de su estatus superior y las pierde como el asunto central por el que tienta y vigila a los hombres a su alrededor.

Mientras tanto, sabemos que desafiar a Joe puede afectar nuestra posición social en la oficina, nuestros prospectos profesionales a largo plazo, nuestros niveles actuales de estrés y demás, porque sabemos que una vez que Joe nos marca como un blanco, seguiremos como su blanco.

En consecuencia, defender a una mujer puede poner la seguridad financiera de nuestra familia en riesgo. Y debido a que nuestra cultura de caja de hombre suprime cualquier larga conversación, no sabemos lo que los otros hombres en el círculo están pensando. Lo más probable, "Por el amor de dios, no le des cuerda." Y Joe el buleador gana. De nuevo.

Chicos y hombres son condicionados en el transcurso de sus vidas por los Joes del mundo. Para no ir en contra de Joe, aprendemos a basar nuestra actuación de hombría en el modelo anti-femenino, anti-conexión de la man box culture, dejándonos en solitario y aislándonos y así, más fácilmente manejados en una estructura de comando y control.

Pero lo que también es importante entender es que después de años de condicionamiento de *man box,* podríamos incluso a regañadientes admirar a Joe. Esto es porque lo que Joe está haciendo se siente poderoso para nosotros. Parece como fortaleza masculina. Respetamos la fuerza de este tipo de exhibición incluso cuando podríamos lamentar el intento. Se requiere de gran fuerza de voluntad para chicos y hombres dejar a un lado nuestro condicionamiento y desafiar directamente a Joe. Es mucho más fácil descartar a los Joes del mundo y alejarnos. "Joe es un imbécil. Olvídate de Joe."

Y aquí radica el problema central. Mientras el mensaje de Joe acerca de las mujeres es público, nuestro rechazo a aceptarlo es privado. No hacemos impacto. No tenemos voz, el resultado de años de fuego de supresión que hemos sufrido de manos de chicos y hombres como Joe.

Hemos sido sistemáticamente entrenados todas nuestras vidas al silencio por hombres que constantemente señalan su disposición a escalar cualquier comentario en apoyo a las mujeres a un ataque a nuestra hombría. Mientras este entrenamiento comienza en nuestros años más tempranos con la denigración de las mujeres, ultimadamente, el fuego de supresión se extiende sobre un rango mucho más amplio de cuestiones políticas y sociales.

El prejuicio comienza con la denigración de las mujeres porque a diferencia de casi todos los otros prejuicios, el prejuicio anti-femenino puede ser enseñado globalmente a los niños sin importar su clase, raza, religión, edad o nacionalidad. El condicionamiento anti-femenino se vuelve entonces una puerta poderosa y universal a otras incalculables formas de prejuicios.

Cuando enseñamos a nuestros hijos "Eres mejor que

las niñas," en lugar de enseñarles, "No denigres a otros(as) para hacerte sentir mejor," preparamos su vulnerabilidad a todas las formas de intolerancia.

Eres mejor que los homosexuales,

Eres mejor que los Negros(as),

Eres mejor que los Judíos(as),

Eres mejor que los inmigrantes,

Eres mejor que los pobres, y demás.

Esto es porqué nuestro silencio en la cuestión de la denigración de las mujeres es tan dañino, dejando a quienes son los más agresivos y los más ruidosos definir nuestra cultura de hombría como una cultura de inequidad. Como hombres, debemos dejar de decirnos a nosotros mismos, "Soy uno de los buenos. Estoy protegiendo y proveyendo para las mujeres en mi familia. Me concentraré en mantenerlas a ellas seguras. En empoderarlas a ellas."

Es una buena idea, pero simplemente no funcionará.

Porque la *man box culture* está entretejida a través del desprecio por lo femenino como el método primario para suprimir el desarrollo emocional y relacional de los niños, el resultado final es, por definición, una cultura de abuso sexual para las mujeres.

Como tal, es imposible mantener seguras a las mujeres en nuestra familia o nuestro círculo de amigas si seguimos callados. Mientras nosotros, a través de nuestra inacción, ayudamos a sostener los fundamentos de la Pirámide del

Abuso Sexual, una de cada cinco mujeres será violada.

En nuestro silencio somos culpables.

11 /FALSAS ACUSACIONES

Las personas que están alarmadas y enojadas por el movimiento #MeToo están trabajando activamente para desestimarlo. La estrategia más prominente que usan es aumentar el espectro de las falsas acusaciones de violación.

Los Joes Buleadores del mundo están trabajando tiempo extra para acariciar nuestras dudas al cuestionar ruidosamente las historias de asalto y violación de las mujeres. "¿Ella recordó correctamente? ¿Está dando todos los detalles? ¿Está confundida? ¿Estaba bebiendo? ¿Cómo estaba vestida? ¿Por qué estaba ahí sola? ¿Por qué no lo reportó antes? ¿Quién puede confirmar su historia? " Y el más horrendo de todos "Creemos que fue atacada, sólo no creemos que está recordando correctamente quién fue."

He hablado sobre masculinidad en lugares llenos de gente pensante y considerada que están dispuestas a hablar acerca de las cuestiones más desafiantes que enfrentamos, aun así muchas todavía levantan sus manos y preguntan, "¿Y qué pasa con las falsas acusaciones de asalto sexual?"

¿Cómo es que los hombres somos capaces de dudar de las acusaciones de abuso sexual después de crecer en la *man box culture?* Sabemos demasiado bien de lo que la violencia es capaz. Este cuestionamiento a gran escala de los recuerdos, motivaciones y honestidad de las mujeres sólo puede tener lugar en un mundo donde la mayoría de hombres temen cuestionar o desafiar a aquellos que defienden a los abusadores. En cambio, buscamos excusas para evadir hacernos cargo de nuestro propio silencio. Nos aferramos a la más mínima duda generada por el argumento de las falsas acusaciones de violación y nos damos permiso a nosotros mismos de mirar a otro lado.

No hay estadísticas legítimas que apoyen el mito de las generalizadas falsas acusaciones de violación, pero aquí están las estadísticas de violación tal como fueron reportadas por la Red Nacional de Violación, Abuso & Incesto (RAINN). De cada 1000 instancias de violación, trece casos son referidos al fiscal, y sólo siete casos culminarán en una condena por delito grave. Conclusión, la mayoría de las violaciones no son reportadas a la policía en absoluto.

Preocuparse por la posibilidad muy poco probable de las falsas acusaciones de violación en lugar de nuestra epidemia de violación y ataques es inmoral. Créele a los sobrevivientes, niños y niñas, hombres y mujeres, por igual. La supuesta amenaza de las falsas acusaciones de violación es una cortina de humo diseñada para sembrar duda suficiente para que los hombres permanezcan callados. Eso es todo lo que los abusadores piden de nosotros, permanecer en silencio.

Y ahí está esa palabra otra vez. Silencio. Como si cada aspecto de la *man box culture* ultimadamente triangulara en una sola capacidad del hombre, nuestras voces, reemplazando nuestra auténtica expresión con guiones de bullying en contra de hombres y mujeres. Levantando la amenaza muy real que si levantamos la voz en defensa de la decencia humana común seremos atacados y avergonzados.

Mientras algunos hombres se quejan que las mujeres no dejan "a los hombres ser hombres," lo que es asombroso es cuán dócilmente estos mismos hombres aceptamos la vigilancia diaria e inclusive de cada hora de nuestra hombría por otros hombres, aparentemente sin quejarnos. "Oh, perdón," decimos. Arrollamos nuestra cola cuando los buleadores machos alfa nos ordenan y aceptamos la dominación de hombres que nos están quitando nuestros más básicos derechos humanos, el derecho a vivir nuestras vidas como distintos y auténticos seres humanos.

Ultimadamente, son los buleadores quienes controlan la hombría estadounidense. Es el silencio de la gran mayoría de hombres, quienes cargamos con tantos traumas que evadimos defendernos por nosotros mismos y a las mujeres en nuestras vidas. Somos colectivamente silenciados, confundidos y suprimidos, traumatizados a sacrificarnos nosotros mismos, y a nuestras familias y nuestras comunidades en el altar de la *man box culture*.

Y la gente poderosa en la cima de la man box culture se está riendo de nosotros.

12 /FUEGO DE SUPRESIÓN

Hagamos un pequeño experimento mental.

Las mujeres ganan cerca de ochenta centavos por cada dólar ganado por hombres, por trabajo igual. La brecha es muchas veces más larga entre trabajos más altamente remunerados.

¿Cuántos hombres tenemos una pareja de vida que es una mujer trabajadora (o la tendremos en algún punto de nuestras vidas)? Aun así, colectivamente, los hombres aceptamos un 20% de déficit en el nivel de ingresos de nuestras parejas, simplemente porque, ya sabes,… chicas.

Eso equivale a un carro nuevo. Unas vacaciones. Un lavavajillas. ¿Por qué no está cada hombre con una esposa o compañera de vida trabajadora afuera en las calles demandando que el salario equitativo se vuelva ley? Olvida lo justo para las mujeres. Olvida la moralidad o ética. Estamos hablando de los saldos bancarios de nuestras familias.

En una década o dos, esta brecha de 20% puede ser la

diferencia entre un préstamo o pagar en efectivo los costos universitarios de un hijo(a). Puede ser un fondo de retiro. Puede ser el alquiler de una propiedad o un seguro de gasto médico. Y todavía continuamos viviendo en una nación en que los hombres aceptan menor salario para nuestras propias miembros de familia, esposas, hermanas, y madres, lo que claramente es aún otro ejemplo de silencio masculino en juego. ¿Cómo lo sabemos? Porque si todos los hombres que tienen una esposa trabajadora se pusieran detrás del salario equitativo mañana, sería ley al día siguiente.

En cambio, nos encogemos de hombros colectivamente.

"Ah, sí, eso es algo. A las mujeres se les paga menos. ¿Pero qué le vamos a hacer?" no lo van a parar. Y así como debería ser enmarcado como una cuestión de simple justicia, ese no es el punto que estoy tocando aquí tampoco.

Que millones de hombres están voluntariamente renunciando a una suma tan considerable de dinero debe significar que la estamos cambiando por algo que valoramos más.

¿Estamos verdaderamente intercambiando el fondo universitario de nuestro hijo(a) por la ilusión de estatus sobre las mujeres? ¿Podemos realmente ser tan fácilmente manipulables? O las décadas de fuego de supresión de Joe el Buleador nos han vuelto reacios a desafiar la narrativa dominante de que las mujeres son menos. Y debido a que los hombres en la *man box culture* no hablan sobre estas cosas (¡Sólo deportes, chicos!), ¿asumimos un acuerdo general con Joe el Buleador incluso cuando colectivamente, los hombres pudieran realmente apoyar tener más dinero en las cuentas bancarias de su familia?

No es accidente que muchas voces en los medios y política modelan la enojada voz buleadora de la man box, suprimiendo la disposición de los hombres a desafiar políticas demostrablemente terribles por miedo que los hombres en nuestras redes "nos saquen del club" o peor, que seamos avergonzados y abusados de nuevo. La *man box culture* nos ha buleado al silencio. Como resultado, cualquier potencial apoyo colectivo a políticas más progresistas, incluso en nuestros propios círculos sociales inmediatos, permanece escondido de nosotros.

La pregunta se plantea a menudo, ¿Por qué los estadounidenses votan tan consistentemente en contra de sus propios intereses? La legislación de igualdad de salario es un ejemplo de esto, atascada como ha estado por años en el Congreso de E. U. En un patrón que se juega una y otra vez a través de un amplio rango de cuestiones, los hombres estamos condicionados a actuar en contra de nuestras propias comunidades, nuestras familias y nosotros mismos. ¿Y para qué renunciamos a tanto?

Este es el poder de la *man box culture,* que puede convencer a los hombres de vivir vidas más cortas, más aisladas, más empobrecidas a cambio de la ilusión de estatus sobre las mujeres.

13 /MAPEANDO NUESTRO SILENCIO

La autora e investigadora Niobe Way tiene esto que decir sobre la primera regla de la *man box*. "El simple mensaje que para ser un hombre tiene que ser sin emociones; ... sin emociones en el sentido de invulnerable, es traumático. Y eso nos lleva a esencialmente todo lo demás."

Nuestra cultura anrdo-dominante tiene generaciones de edad, y se remonta mucho tiempo atrás en su alcance y escala. Ha sido internalizada igualmente por hombres y mujeres, afirmándose a sí misma casi universalmente desde los momentos más tempranos de nuestra niñez.

En su libro, When Boys Become Boys (Cuando los Niños se Vuelven Niños), Judy Chu escribe sobre su tiempo encajada en un salón de preescolar. Su investigación ahí duró dos años, siguiendo a un grupo de niños hasta el final de su año de jardín de niños.

Ella cuenta la historia de un niño de cuatro años que le reveló que, "Todas las niñas en la clase son mis amigas, pero actúo como si no lo fueran … porque si Mike, el líder del club de niños, se entera … que me gustan las niñas, me sacaría de su club … Eso sería un verdadero fastidio porque entonces no estaría en un club."

La parte desafiante de la historia de ese niño de cuatro años no es sólo que no puede tener niñas como amigas. Eso es suficiente problema, eliminar años cruciales de aprender cómo relacionarse y formar amistades de maneras auténticas y respetuosas a través del género. La cuestión central es que a los cuatro años, ese pequeño niño ya está tomando partes de su ser relacional más auténtico y silenciándolas por miedo a ser expulsado del club de niños. Está rastreando y acomodando a un niño alfa en una estructura jerárquica en la que ya está acostumbrado a operar.

¿Y quién es el líder de este club de niños? Incluso en la adultez, siempre sabemos quién es. Man box culture lo eleva desde una temprana edad, guiñando un ojo ante sus transgresiones y, cuando va demasiado lejos, observa encogiendo los hombros, "Así son los niños." Le otorgamos la experiencia embriagadora y narcótica de controlar a otros en el nombre de ser el líder. Pero no le enseñamos lo que es un liderazgo responsable e inclusivo. Y así, es muy probable que termine convirtiéndose en otro Joe Buleador, atacando y acosando a cualquiera que desafíe su posición de dominación.

Entretanto, los niños bajo su influencia suprimen su capacidad de colaborar, co-crear, innovar, empatizar y tender puentes a través de las diferencias con los niños(as) a su alrededor. Su mensaje de no hablar con las niñas es parte de la primera ola de silenciamiento para niños muy pequeños, arrebatándoles años de exploración de su expresión por ensayo y error que son clave para aprender a conectarse y relacionarse.

De esta manera, el golfo de diferencia, predicado en nuestros caricaturescos binarios de género, es introducido y fomentado. La agudeza emocional de los niños y su alegre naturaleza social es falsamente encasillada como femenina, avergonzada y suprimida. Las niñas son arrastradas hacia los llamativos estereotipos de género de las princesas de Disney, irónicamente esperando un príncipe que, cuando finalmente llegue, es probable que sienta desprecio por ellas.

Las capacidades naturales de nuestros hijos e hijas para la conexión fallan en ser desarrolladas por la vía relacional del ir y venir por la que los humanos desarrollamos matices. Reglas simplistas y limitantes para el actuar de género son martilladas en casa, imponiendo un género binario que, por sobre todo lo demás, se trata de silenciar las capacidades naturales de nuestros niños de conectarse y relacionarse. Entonces declaramos la disfunción resultante como biológica. Decimos que esta es sólo la manera en como los niños y niñas están diseñados.

Para los hombres, el silencio se vuelve central para nuestra actuación de hombría. El silencio se vuelve la estrategia por la que proyectamos nuestras ganancias profesionales y sociales que tanto nos costaron. Pero es una estrategia que fallará. Nuestra sociedad pudo haber sido alguna vez un lugar donde los hombres podían evadir arriesgar su estatus al simplemente mantenerse callados, pero al desfallecer nuestra cultura de inequidad de los 1950s, los buleadores y los alfas se están afirmando ellos mismos. Amenazas de violencia y abuso, incluso en los niveles más altos de gobierno, se han vuelto un lugar común. El asalto a un discurso más civil está creciendo. Nuestro punto de inflexión cultural sobre la hombría puede irse en ambas direcciones, hacia una cultura de equidad para todos, o dramáticamente lejos de eso.

En consecuencia, nuestras familias y nuestras comunidades no requieren silencio y sobrevivencia de nosotros, sino nuestro riesgo compartido y liderazgo. Si los hombres, amortiguados como estamos por nuestra relativa seguridad, seguimos en silencio en este punto crucial, buscando evadir el conflicto con los buleadores y demagogos que se están alzando en este espacio liminal, algo mucho más feo se apoderará. Algo que amplifica la *man box* tan dramáticamente que nuestras familias, nuestra seguridad y todo lo demás que valoramos estará en riesgo.

14 / CORAJE

Estoy incómodo escribiendo esto, diciendo a otros hombres que den un paso al frente. Mi cultura me ha enseñado a no hacer esto, a no tener esta conversación. Si eres hombre, puede estar incómodo leyéndolo. Pero sólo puedo ofrecerle esto. Mi condenación de nuestra cultura de hombría NO es una condenación a los hombres. Sin embargo, sí nos hago responsables por nuestra dañina cultura de masculinidad si fallamos en crear algo mejor.

Colectivamente, los hombres todavía tenemos una simple pero importante lección que aprender. Algunos de nosotros aprendemos esta lección a un gran costo, después de una crisis de nuestra propia creación, la pérdida de nuestras carreras o el colapso de nuestros matrimonios. Es una lección reflejada en las voces de los hombres rotos en las reuniones de AA. Está visible ahí en los brillantes ojos de padres acunando a sus hijos(as) recién nacidos. Es una lección reflejada en las antiguas filosofías y religiones del mundo.

La lección es esta. A pesar de lo que se nos ha enseñado, nuestro poder de hombres no radica en qué tan bien somos capaces de dominar y controlar aquellos a nuestro alrededor. Nuestra *man box culture* de dominancia competitiva es, de hecho, una receta para tempranas enfermedades relacionadas con el estrés, infelicidad, y violencia. Es una amenaza directa a nuestras familias, nuestra sociedad y nuestro mundo. Más aún, es profunda y fundamentalmente aisladora. Y el aislamiento es muerte.

La *man box culture* condiciona a los hombres a ser aversivos al cambio en un mundo que es alimentado por el cambio continuo. Es un muro de inercia estático, alentando el ritmo de nuestra colectiva evolución y crecimiento. El mundo continuará evolucionando y creciendo. La única pregunta es, ¿cuánto más sufrimiento humano, propio y de otros, crearemos los hombres antes de que evolucionemos, también? Podemos continuar permitiendo que *man box culture* nos domine, o podemos empezar a pelear por nuestras libertades humanas básicas. Podemos empezar a empujar, a hacer espacio para un rango mucho más diverso de masculinidades, creando más opciones de cómo los hombres pueden vivir sus vidas.

Millones de hombres están ya haciendo este trabajo, expandiendo las barreras y creando expresiones más fluidas de género, especialmente entre los millenials. Millones de padres están tomando un rol de padres de tiempo completo y cuidadores primarios. La homofobia, ampliamente usada para hacer cumplir la *man box,* está en declive entre los hombres más jóvenes.

Como hombres, podemos elegir comprometer nuestras capacidades relacionales para una creciente conexión y comunidad. Cuando organizamos nuestro coraje y nos adentramos a esos espacios socialmente dinámicos, descubrimos un mundo que es menos predecible y más generativo. En el proceso, podemos aprender de otros cómo sentarnos con nuestra incertidumbre, abrazándola como un derivado natural de nuevas ideas y procesos que nacen.

La valiente elección para los hombres es apoyarnos en nuestra incertidumbre, en contra de los aspectos más débiles de nuestras naturalezas que persiguen la predictibilidad y el control sobre la evolución y crecimiento. Al explorar y enfrentar la incertidumbre, descubrimos el despertar embriagante de nuestro sentido personal de aventura.

Saber esto: empujar en contra de la *man box culture* NO hará que te expulsen del club. No hay club. *Man box culture* es, por definición, aislamiento. Enfrentarse a *man box culture,* a costa de algunas de nuestras relaciones a nivel superficial, abrirá la puerta a relaciones más diversas, creativas y auténticas, cualquiera de las que son invaluables en comparación.

Ya es hora de reunir nuestro coraje y elegir conexión. Es tiempo de crear algo mejor.

15 /EL ARTE DE LAS RELACIONES

Este capítulo fue escrito en cooperación con la terapeuta de pareja y familia, Dra. Saliha Bava. Está diseñado para compartir algunas prácticas relacionales que pueden ser útiles al crear conversaciones más generosas y de apoyo sin importar el tema. Estas capacidades pueden ser especialmente útiles en el contexto de #MeToo.

Cuando nosotros, como hombres, buscamos comprometernos y entender mejor las vidas de las mujeres y el movimiento #MeToo, podemos elegir primero y ante todo, ser conscientes del contexto. ¿Con quiénes estamos buscando conectarnos y cuáles son las cuestiones que apuntalan nuestra relación con esos individuos? Recuerda, estas no son conversaciones que las mujeres están obligadas a tener con nosotros. Ve ligeramente. Sé consciente. Para aquellos de nosotros que somos sobrevivientes, sabemos cuán retador puede ser contar nuestras propias historias. Si la oferta de hablar sobre nuestras experiencias nos hace sentir obligados a cumplir o peor, debatir con o ser sermoneados a, entonces el trauma de nuestros pasados se combina.

Todos tenemos un amplio rango de relaciones en nuestras vidas, desde las profundamente personales a las más casuales. Estas relaciones pueden ser con miembros de nuestras familias, con compañeros de trabajo, con personas en nuestros vecindarios, con otros en nuestra escuela o nuestro mercado local. Entender cuándo y dónde es apropiado tener una conversación sobre #MeToo es una entrada importante para decidir hacerlo. Pensar en las maneras en las que nuestro enfoque en estas conversaciones puede ser dañino o útil es crucial.

Para muchos hombres, el grado de acoso sexual y abuso que las mujeres pudieran enfrentar, incluso diariamente, puede ser de alguna manera invisible a nosotros. Las mujeres que conocemos pudieran haber elegido hace tiempo mantener sus historias para ellas mismas. Para aquellas que son cercanas a nosotros, podemos comenzar quizá con una pregunta simple. Sé consciente de preguntar en el momento correcto y en el contexto correcto, podemos preguntar si ellas quieren compartir sus ideas sobre cómo es ser mujer. Parece una pregunta simple, pero puede abrir la puerta a muchas historias.

Para los hombres, invitar a las mujeres a tener esta conversación puede ser desafiante, tanto para los otros como para nosotros. Primero y ante todo, debemos juzgar correctamente si existe o no una conversación que sostener. Por ejemplo, esta no es necesariamente una ocasión para indagar automáticamente sobre las parejas románticas pasadas.

Adicionalmente, algunas mujeres reportan ser bombardeadas con preguntas que pueden fácilmente ser contestadas con una pequeña búsqueda en línea. Las mujeres reportan que los hombres hacen preguntas que parecen estar buscando por el "todo listo." Tan desafiante como es este tiempo, necesitamos tener un mensaje central en mente. Las mujeres les piden a los hombres hacerlo mejor. Si nuestras acciones dan espacio para que otros (hombres y mujeres) se sientan respetados y seguros, ya hemos hecho una enorme contribución al movimiento.

Dicho esto, la conversación sobre #MeToo y las vidas de las mujeres es una que podemos ofrecer tener con las mujeres en nuestras familias, o mujeres con las que tenemos relaciones personales o profesionales cercanas. Necesita haber un grado de confianza ya establecido para que esta conversación suceda, pero puede ser una oportunidad de practicar y crecer poderosas capacidades relacionales.

1) Escuchar con curiosidad

Cualquier conversación es una oportunidad para escuchar, pero una conversación acerca de #MeToo permite a alguien cercano a ti hablar en un espacio que pudiera ser enteramente nuevo para ambos. Como hombres, podríamos responder al intenta arreglar o explicar, tal como es la versión basada en el rol de hombría que nos han enseñado a actuar. Si en lugar de esto escuchamos con curiosidad mientras nuestras amigas, familiares, o parejas comparten sus pensamientos podemos experimentar cuán poderoso puede ser escuchar. Es un proceso por el que nos concentramos en las relaciones en lugar de nuestro rol.

Como la mayoría de aspectos de comunicación, escuchar puede ser menos que útil si se reduce a un proceso por el que estamos simplemente esperando nuestro turno para hablar o preparándonos a entrar en un debate. Cuando aprendemos a escuchar con curiosidad, un nuevo proceso puede tener lugar. Podemos entrar a la conversación con la expectativa de escuchar algo nuevo y poderoso. Podemos ser curiosos, escuchando las cosas que no esperábamos, en lugar de concentrarnos en las partes de la conversación que pueden reforzar nuestras expectativas. Podemos escuchar con el entendimiento de que no estamos ahí para arreglar o resolver, sino para permitir a otras simplemente decir en voz alta lo que están sintiendo, lo que algunas veces es todo lo que necesitan de nosotros.

No toda mujer tiene una historia sobre supervivencia de abuso. Pero cuando sí nos encontramos historias de abuso e incluso violación que otros(as) comparten a veces, puede ser profundamente desafiante. En respuesta, podemos buscar expresar nuestro enojo con el abusador, buscar soluciones a los sentimientos que se expresan, sugerir acciones a seguir, o de alguna otra manera tratar de arreglar la situación.

Para muchos de nosotros, esta urgencia de arreglar las cosas nace realmente de nuestra propia incomodidad emocional. Como hombres, podemos no haber tenido mucha práctica en sentarnos con las emociones desafiantes de otros(as), de estar ahí para la gente que están sintiendo dolor o enojo. Simplemente no hemos tenido práctica haciendo este tipo de labor. Entonces, en nuestra incomodidad al ser testigos del dolor o tristeza de otros(as), terminamos tratando de arreglar el problema, pensando en esos momentos, "Ya está, lo arreglé por ti, así que ya no me muestres más esas emociones."

Cuando los hombres estamos en modo "arreglar el problema," aquí están algunos de los tipos de cosas que podemos tender a pensar o incluso decir:

"Lo siento que sea de esta manera, pero esto le pasa a muchas personas. No estás sola."

"¿Estás segura que él o ella lo decía de esa manera?"

"Si te endureces un poco, esas cosas ya no te molestarán tanto."

"Eso pasó hace mucho tiempo."

"Por tu propio bien, necesitas superarlo."

"¿Has tenido buenas relaciones desde entonces, verdad?"

En su lugar, podemos intentar estos tipos de respuestas:

"Lo siento por lo que has pasado."

"Escucho lo que estás diciendo."

"¿Cómo te gustaría que yo te escuche ahora?"

"¿Cómo se siente estar contando esta historia?"

"¿Te gustaría parar y empezar de nuevo en un rato?"

Lo que es central aquí es evitar ponerse emotivo, expresar enojo personal, buscar definirnos a nosotros mismos como diferentes, o contar historias de cómo pudimos haber sido abusados. Ya habrá tiempo después de compartir nuestras historias. Piensa en escuchar las historias de otros como un espacio sagrado. Es en esta mentalidad que las respuestas más útiles vendrán a nosotros.

2) Hacer preguntas

Lo que nos lleva a la poderosa capacidad relacional de hacer preguntas. A menudo hombres y mujeres plantean preguntas en un esfuerzo por conducir una conversación hacia una solución. Si las preguntas están diseñadas para señalar soluciones o desafiar las suposiciones de la persona que está contando su historia, no será un proceso útil. Cuando en su lugar hacemos preguntas que indican nuestro interés tranquilo, que ayudan a quien nos cuenta su historia a clarificar lo que están diciendo o sintiendo, puede tener un efecto calmante y de construir confianza en ambas partes. Cuando nos tomamos un tiempo para sólo ser testigos, creamos un espacio relacional en el que nuestra amiga o pareja puede compartir lo que necesita compartir. Preguntar, "¿Cómo te gustaría que lo escuche?" y, "¿Quiéres continuar?" señala claramente que estamos listos para crear un ambiente de calma y apoyo para que nos compartan su historia.

3) Manteniendo la incertidumbre

Cuando nos involucramos en conversación con otros(as), especialmente sobre cuestiones o temas desafiantes, podemos sentir a menudo una intensa incertidumbre. "¿A dónde va a ir esta conversación?" Para los hombres, ampliamente entrenados a presentar confianza y liderazgo, podemos sentirnos tentados a parecer conocedores y seguros, incluso cuando de hecho nos estamos sintiendo alarmados.

Para ser un testigo involucrado y tranquilo a las historias de otros(as), podemos trabajar en crecer nuestra capacidad de sentarnos con la incertidumbre que pudiera surgir. Con el tiempo, podemos crecer esta capacidad, pero puede ser desafiante inicialmente.

Podemos aprender a manejar nuestra incertidumbre, y la ansiedad que puede producir, de varias maneras:

Físicamente: Podemos tomarnos un momento para respirar profundamente y calmar nuestra respuesta física.

Emocionalmente: Podemos inspeccionarnos a nosotros mismos, recordándonos no colapsar en nuestras emociones sino concentrarnos en hacer el trabajo importante de crear un espacio calmado para que nuestra amiga o pareja comparta su historia.

Re-enmarcar la experiencia: Podemos cambiar nuestra relación con la incertidumbre, viéndola en su lugar como una señal de que algo nuevo y poderoso está emergiendo. La incertidumbre puede ser un espacio altamente generativo y creativo, una vez que renunciamos a la necesidad de controlar lo que viene a continuación.

4) Tomando las ideas ligeramente

Una poderosa manera de resistir el colapsar en las emociones que surgen en el ir y venir de las conversaciones difíciles, es tomar nuestras ideas más ligeramente. Cuando hacemos esto, estamos menos inclinados a filtrar los puntos de vista del otro(a) que pudieran parecer como opuestos a los nuestros, y en cambio escuchar de manera más holística, asegurando que podemos oír mejor todo lo que está siendo comunicado.

Son a menudo nuestros miedos y preocupaciones, que nacen de creencias fuertemente arraigadas, que nos bloquean de escuchar todo lo que otros están diciendo. Cuando tomamos nuestras ideas más ligeramente, reducimos nuestra reactividad. Esto no se trata de abandonar nuestras creencias. Se trata de no dejar que estas nos limiten las maneras en las que escuchamos y nos conectamos en el mundo. Se trata de aprender a co-diseñar y colaborar a través de las diferencias con otros(as) en nuestras vidas.

Prácticas relacionales como estas se centran en nuestras relaciones personales y profesionales como la fuente primaria de nuestra salud y bienestar. En el diario ir y venir de relacionarse, creamos y rediseñamos quiénes somos en asociación con aquellos a nuestro alrededor. Es en el consciente ir y venir de las relaciones que crecemos nuestro sentido de pertenencia, creatividad, conexión y dicha.

"Cuando buscamos conexión, restauramos el mundo a plenitud."

- Margaret J. Wheatley

16 /PODER DE HOMBRES

Los hombres están en crisis. Estamos colectivamente traumatizados y a menudo profundamente aislados. Nuestra solución colectiva para seguir adelante es crear conexión. Los seres humanos ascendemos o caemos juntos. Todos(as) nosotros(as).

Para los hombres, aprender a relacionarse, conectar, y colaborar es la llave para salir de la cultura de *man box*. El movimiento de masculinidades de más amplio rango, diversas y auténticas, guarda la promesa de despertar en los hombres nada menos que el arte de estar en relación.

A fin de deshacer el impacto aislador de la *man box culture* en nuestras vidas, los hombres debemos tomar todo lo que se nos ha enseñado sobre género y voltearlo de cabeza. Debemos llamar cada capacidad relacional que se nos enseñó a negar, cada capacidad degradada y erróneamente descrita como femenina, incluyendo empatía, juego, compasión, colaboración, conexión, y la más grandiosa de las capacidades humanas, tender puentes a través de las diferencias.

Podemos elegir protegernos del frío, aprendiendo

73

diariamente a negociar, explorar, y jugar en el contexto de un mundo que permanece informado por el trauma e induciendo trauma. Podemos hacer el trabajo de conexión y auto-reflexión, sabiendo en todo momento que el trauma que queremos enfrentar en nosotros mismos y otros probablemente no sea resuelto en nuestra generación.

Podemos ganar poderosas nuevas capacidades. Podemos aprender a sentarnos con la ansiedad que sentimos, creada por no saber qué está emergiendo mientras el corazón humano hace su misterioso trabajo. Podemos aprender a sentarnos con las cuestiones que no serán resueltas fácilmente y al hacerlo, tal vez, algún día, resolverlas.

Los seres humanos sanan en el ir y venir de relacionarse y conectarse. No sanamos en aislamiento. Sanamos en las relaciones. Cuando aprendemos a conectarnos en el ir y venir de compartir nuestras historias, algo extraordinario sucede. Ya no estamos solos. Nos volvemos familia. Nos volvemos comunidad, y cualquiera de nosotros(as) — sin importar nuestras historias, nuestros desafíos, o nuestros pecados pasados — podemos comenzar este trabajo. Podemos hacer del mundo un lugar más seguro y dichoso. Podemos dejar la ansiedad atrás. Podemos ser libres.

El primer paso es simple. Necesitamos sólo admitir que queremos una auténtica conexión con otros. Lo que sigue es el milagro de ser humano. Incluso si hemos sido buleados y entrenados a no formar relaciones en el curso de nuestras vidas, la capacidad de conectarse completamente permanece, justo detrás de la puerta, esperando a que la dejemos entrar de nuevo. Y hay otro(as)s esperando a ayudarnos a abrir esa puerta.

Los hombres buenos, decentes y empoderados estamos trabajando para ayudar a otros a redescubrir sus regalos por conexión, basados en las siguientes verdades simples. Los hombres no quieren estar molestos. Los hombres no quieren estar solos. Los hombres no están naturalmente inclinados hacia los confines tóxicos de la *man box*. Si lo estuviéramos, no estaría matándonos.

Grupos como the Mankind Project (el Proyecto Humanidad) y otros están rompiendo los muros de aislamiento que atrapan a los hombres en ciclos de ira y reactividad. Si usted es un hombre que está luchando, que está cansado de estar solo, acérquse a estos chicos, o a otros grupos de hombres. Cuando entre a un salón lleno de hombres que no le están juzgando, no son escépticos, no están buscando socavarle, dominarle o rechazarle, la diferencia es palpable.

Si usted es un hombre, leyendo este libro, considere esto como su invitación personal. De cualquier manera que sea correcto para usted, comience el trabajo que nosotros como amantes, padres, hermanos, esposos e hijos hemos postergado por demasiado tiempo. Juntos, podemos volvernos el amor y compasión radical de los que habla el consejero de salud mental Jay Sefton.

Todo lo que tenemos que hacer es abrir la puerta.

RECURSOS

Línea de los Servicios Nacionales de Asalto Sexual
RAINN (Red Nacional de Violación, Abuso & Incesto)
800.656.HOPE (4673)

Equidad de género y enfrentando la violencia contra las mujeres
Promundo - https://promundoglobal.org/
A Call To Men -http://www.acalltomen.org/
The Good Men Project - http://goodmenproject.com

Para hombres buscando un grupo:
The ManKind Project - https://mankindproject.org/
Humen - http://WeAreHumen.org
Evryman - http://Evryman.com

En prácticas relacionales:
The Taos Institute - https://www.taosinstitute.net/

Libros: (Versiones en ingles)
Deep Secrets de Niobe Way
Men's Work, How to Stop the Violence That Tears Our Lives Apart de Paul Kivel
When Boys Become Boys de Judy Chu
The Relational Book for Parenting de Saliha Bava, PhD y Mark Greene
Remaking Manhood de Mark Greene

MARK GREENE

Los artículos de Mark sobre temas de hombres, parentalidad y cultura han sido compartidos más de 250,000 veces en redes sociales, resultando en veinte millones de visitas. Ha escrito y hablado sobre asuntos de hombres en The Good Men Project, Salon, Shriver Report, Uplift Connect, Yes! Magazine, Medium, BBC y The New York Times. Mark es también un animador y caricaturista ganador del Emmy.

El libro de Mark, *Remaking Manhood,* está disponible en Amazon.

El libro de Saliha Bava y Mark Greene *The Relational Book for Parenting* está disponible en Amazon. Ve nuestro video en ThinkPlayPartners.com.

Puede seguir a Mark en Twitter @RemakingManhood
La Página Remaking Manhood Facebook Page es esta.
http://facebook.com/remakingmanhood
Visita nuestro sitio web www.ThinkPlayPartners.com.

Obtenga más información sobre los servicios de inclusión y diversidad corporativa de Mark en
www.RemakingManhood.com

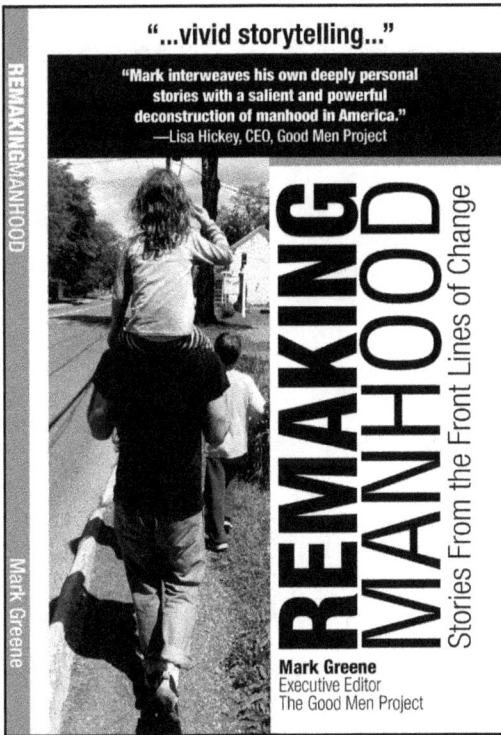

"...vivid storytelling..."

"Mark interweaves his own deeply personal stories with a salient and powerful deconstruction of manhood in America."
—Lisa Hickey, CEO, Good Men Project

REMAKING MANHOOD

Stories From the Front Lines of Change

Mark Greene
Executive Editor
The Good Men Project

Available at
amazon

ALSO FROM MARK GREENE (versión inglesa)

Remaking Manhood is a collection of Good Men Project Senior Editor Mark Greene's most popular articles on parenting, fatherhood and manhood.

> "This is writing that unites men rather than dividing or exploiting them. It speaks to the very best part of men and asks them to bring that part to the fore—as fathers, as sons, as brothers, as husbands, as friends, as lovers, and as citizens of life."

—Michael Rowe, author of Other Men's Sons

www.ingramcontent.com/pod-product-compliance
Lightning Source LLC
Chambersburg PA
CBHW050601280326
41933CB00011B/1931